Excelerate SPANISH
Workbook

by

Caryn Powell Hommel

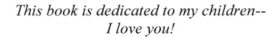

This book is dedicated to my children--
I love you!

Table of Contents

About This Resource……………………………………………….. p. i
Lección uno……………………………………………………….p. 1
Lección dos……………………………………………………… p. 4
Lección tres…………………………………………………….. p. 10
Lección cuatro………………………………………………….p. 15
Lección cinco………………………………………………….. p. 19
Lección seis…………………………………………………… p. 22
Lección siete…………………………………………..……….p. 28
Lección ocho………………………………………………….. p. 31
Lección nueve………………………………………………… p. 34
Lección diez………………………………………………….. p. 39
Lección once…………………………………………………... p. 44
Lección doce…………………………………………………... p. 48
Lección trece………………………………………………….. p. 55
Lección catorce………………………………………………... p. 59
Lección quince………………………………………………… p. 65
Lección dieciséis………………………………………………. p. 69
Lección diecisiete……………………………………………… p. 73
Lección dieciocho……………………………………………... p. 77
Lección diecinueve……………………………………………. p. 81
Lección veinte………………………………………………… p. 86
Lección veintiuno……………………………………………...p. 89
Lección veintidós……………………………………………… p. 93
Lección veintitrés……………………………………………… p. 97
Lección veinticuatro……………………………………………p. 101

EXCELERATE SPANISH
WORKBOOK

About This Resource

Dear Teachers and Parents:

I hope you find the Extension Activities included herein a useful component of the Excelerate Language Spanish curriculum. How you use these activities will depend upon your goals for your students, your students' ages, and the amount of extra practice you wish to give.

Students will be most successful at these exercises if they have had adequate exposure to the video/teaching portions of the lessons. **These exercises are not intended for use without the video/teaching portions**. (Classroom teachers who are following the textbook procedures excepted). You will lose all of the benefits of the Excelerate method if students skip or rush through the primary components.

That being said, you will find a variety of activities here to suit most learning styles, aptitudes, and interests. Activities include:

Picture Definitions	Scrambled Stories
Poetry Exploration	Cloze Passages
Puzzles and Games	Grammar Practice
"Who Dunnit?" Activities	Translation Exercises
Scavenger Hunts	And more!
Mini-books	

All of these exercises are intended to be communicative (rather than rote) in nature. Students are exposed to multiple tenses in a natural, non-threatening way. Don't get too carried away over-analyzing things; let students acquire the structures without "further ado" whenever possible. (Grammar is for *communication's* sake!) Enjoy!

Best wishes to you and your students as you Excelerate Spanish!

Sincerely Yours,

Caryn Hommel

Lección uno
Taking the Bus/Tomando el autobús

ACTIVIDAD UNO

Vocabulario Nuevo: Dibuja una ilustración para representar cada palabra nueva.
Draw a picture to represent each new word shown.

el autobús	el reloj	mira	veinticinco
el pie	el taxi	grita	sonríe

ACTIVIDAD DOS

¿Cuándo? Determine whether these things happened at the **beginning (B)**, in the
middle (M), or at the **end (E)** of the *serie de acciones* from lesson one. See if you
can do it without referring to the *serie*!
(Note: There are 15 actions in the series, so the first 5 actions would be
considered "beginning," the next five "middle," and the last five "end).

1. Se sube al taxi. _____

2. Saca el horario del autobús. _____

3. Espera 25 minutos. _____

4. Mira el reloj. ¿Qué hora es? _____

5. Sonríe y suspira. _____

6. Va a la parada del autobús. _____

7. Mira el reloj otra vez. _____

8. Mira el horario. _____

9. ¡Aquí hay un taxi! _____

10. Estampa el pie con impaciencia. _____

ACTIVIDAD TRES

Say what?? Review the *vocabulario* on page 1 of your textbook. Then use your new vocabulary words to say in Spanish:

1. Jaime looks for a schedule.   _____

2. Jaime shouts at the schedule.   _____

3. Jaime shouts with impatience.   _____

4. Dolores goes to the taxi.   _____

5. Dolores lifts the taxi and smiles.   _____

6. Dolores lifts the taxi with one hand._____

ACTIVIDAD CUATRO

Poetry! After reading the story about Luisa on page 3, translate this five-line poem into Spanish. Then rewrite the poem on your own paper and illustrate it. Share with a friend!

Luisa	_____
Furious, impatient (impaciente)	_____
She searches, she waits, she sighs	_____
She stamps her foot impatiently	_____
Luisa	_____

ACTIVIDAD CINCO

Scrambled Spanish! Rearrange these scrambled sentences from the *¡Dramatización!* on page 2 of the textbook. See if you can do it without looking. ☺

1. que muchacha Ana hay se llama una   _____

2. taxi Ana un espera   _____

3. dos por espera minutos   _____

4. taxi un hay aquí   _____

2

5. el Ana taxi mira   _____

6. taxi mira Roberto el también   _____

7. al Ana taxi corre   _____

8. rápidamente corre Ana   _____

9. más pero corre rápidamente Roberto   _____

10. taxi sube Roberto al se   _____

ACTIVIDAD SEIS

Find the vocabulary words in the puzzle:

Tomando el autobús

```
l g p o m g q u b z c p t m z
v e i n t i c i n c o a k a w
b a d m p a r a d a u c r q r
o c p n p p e v c t o i c u s
s t m m ó a t s o v p e z í o
q q a i a d c b p s g n v a n
h n t x y t ú i u e r c r r r
o p i r i s s s e v r i o h í
o i r a r o h e a n m a w u e
d e g e s a c a t a c s u b y
p s l e b u s f n s c i e h a
t o s j q h m h a q l w a i h
j q b v a t l z v z z v w s p
x x h m j n y h e w f f r o d
s p w f t x w n l f t t v r j
```

aquí	grita	mira	sonríe
autobús	hay	paciencia	sube
busca	horario	parada	suspira
dónde	impaciencia	pie	taxi
espera	levanta	reloj	veinticinco
estampa	mano	saca	

Lección dos
Going Fishing/ De pesca

ACTIVIDAD UNO

Mini-book! Make your own mini-book using the story from the "Serie de acciones" and your own unique drawings. Make it colorful, expressive, and fun! Share your book with family and friends. Use the cool template on page 7 of this book. (You'll find assembly instructions on page 9). Enjoy!

I shared my mini-book with my _____ named _____. Date: _____
                                 relationship   name

ACTIVIDAD DOS

Emociones, emociones… Circle the happy face ☺ or the sad face ☹ next to each statement to show how the subject might be expected to feel, based upon his/her activities, actions, etc.

1. Un gancho se mete en la mano de Ana. ☺   ☹

2. Ana llora y se suena la nariz. ☺   ☹

3. Carlos come una pizza y sonríe. ☺   ☹

4. Paco mira a Carlos y llora. ☺   ☹

5. Carlos prefiere ir de pesca, pero no va de pesca. ☺   ☹

6. Paco tiene hambre, pero no come nada (nothing). ☺   ☹

ACTIVIDAD TRES

Scrambled Story! Reread the ¡Dramatización! on page 5; then rewrite these sentences from the story in the correct order. Try to do it without looking at the story.

Paco Loco come los 46 gusanos de Carlos. _____

Carlos se sienta y llora. _____

Pone 46 gusanos en el carro y va al lago. _____

Paco Loco tiene hambre. _____

Carlos decide ir de pesca. _____

Paco Loco mira a Carlos y llora también. _____

Paco Loco va de pesca también. _____

ACTIVIDAD CUATRO

Zany Mixups! Review the vocabulary on pages 1 and 4 of your textbook. Then try your hand at translating these silly sentences.

1. Los gusanos guardan los ganchos.

_____

2. El cebo artificial llora y se suena la nariz.

_____

3. El dedo pulgar vuelve a la cama.

_____

4. El gusano se levanta temprano y sonríe.

_____

5. El autobús se mete en el lago y suspira.

_____

6. El gusano mira el reloj con impaciencia.

_____

7. El gusano come las hamburguesas de Paco Loco.

_____

8. Paco Loco estampa el reloj y grita.

_____

ACTIVIDAD CINCO

Cloze the passage! Fill in the blanks using vocabulary from page 4 of your text.

     Papá se levanta _____ para ir de pesca. Busca su _____ de pescar por veinticinco minutos. ¿Dónde está la caña de _____? Papá estampa el pie. ¡Ay, ay, ay! Un gancho se _____ en el pie. Papá no busca el gancho, pero aquí está. Papá se sienta y llora un _____. Decide no ir de pesca y _____ a la cama.

Cryptogram: Put your detective skills to good use and decipher the fun phrase! Each letter that is missing is represented by a number from 1-26. Determine the relationship between the letters and numbers by looking within the phrase for familiar words, names, and so on. (Hint: You can reread the *¡Dramatización!* on page 5 for clues, but the sentence itself will not be found there).

The Loony Fisherman

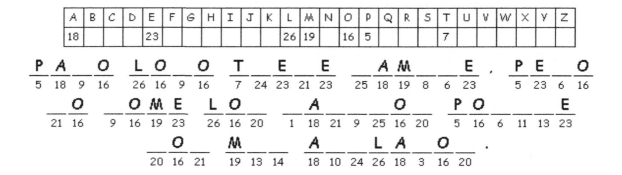

A	B	C	D	E	F	G	H	I	J	K	L	M	N	O	P	Q	R	S	T	U	V	W	X	Y	Z
18				23							26	19		16	5				7						

```
  P   A       O       L   O       O       T       E       E       A   M       E   ,   P   E       O
  5  18   9  16      26  16   9  16       7  24  23  21  23      25  18  19   8   6  23       5  23   6  16

      O       O   M   E   L   O       A       O       P   O       E
     21  16       9  16  19  23      26  16  20      1  18  21   9  25  16  20       5  16   6  11  13  23

              O       M       A       L   A   O   .
             20  16  21      19  13  14      18  10  24  26  18   3  16  20
```

De Pesca

A Picture Book

by

———

Se levanta temprano.

Busca la caña de pescar.
Busca el cebo artificial.
Busca los ganchos.

¡Cuidado! Son ganchos muy afilados.

¡Ay, ay, ay! Un gancho se mete en el dedo pulgar. Lo quita rápidamente.

Llora un poquito.
Se suena la nariz.

Guarda todo y vuelve a la cama.

Está bien. <<Suspiro>>

This page intentionally left blank

Mini-book Assembly Instructions

1. First, cut out and illustrate the mini-book. Use color and imagination to produce your very best artwork!
2. Fold the paper in half (as shown by the dashed line in the illustration below) with the printed and illustrated side face-up.

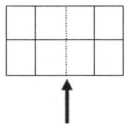

3. Cut along the midline across the folded edge (as indicated by the dashed line) but **stop** where the four panels meet.

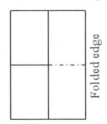

4. Unfold & lay the paper flat.
5. Fold the paper in half lengthwise (like a hot dog) with the printed side showing to the outside.
6. Turn the paper so that you can read the text. Grab the folded paper by the left and right edges and push together toward the center, making the edges fold to form an "X" shape.
7. Now fold the book so the front and back covers are in their respective places.

Need help? At the time of this printing, there was a handy video by Susan Gaylord available on www.youtube.com; look for user ID skgaylord's "Hot Dog Booklet."

Lección tres
Going out in a Storm/Saliendo en una tempestad

ACTIVIDAD UNO

Vocabulario Nuevo: Dibuja una ilustración para representar cada expresión nueva. Draw a picture to represent each new expression shown.

la ventana	está lloviendo	un impermeable	unas galochas
un paraguas	la puerta	la casa	hace sol

ACTIVIDAD DOS

Say what?? Review the vocabulary on pages 7 and 8 of your textbook. Then translate these ridiculous statements into English.

1. Está lloviendo en el paraguas. _____

2. El sol se pone un impermeable. _____

3. Las galochas abren la puerta. _____

4. La ventana se viste para el trabajo. _____

5. El paraguas sale de la casa. _____

6. El sol se sienta en el agua. _____

ACTIVIDAD TRES

Who dunnit? Read the *¡Dramatización!* on page 8 and decide who did each of the following:

1. put on galoshes _____

2. opened seven windows _____

3. put on a raincoat _____

4. looked out the window _____

5. looked at the windows _____

6. opened the door _____

7. watched a TV show _____

8. sat in a chair _____

ACTIVIDAD CUATRO

Order, order! Rearrange these sentences based on the *¡Dramatización!* into the proper order by numbering them 1-6. Try to do it without looking at the original text!

_____ Está lloviendo dentro de la casa.

_____ El papá de Susana se pone sus galochas y su impermeable.

_____ Susana abre siete ventanas.

_____ Se sienta en una silla y mira la tele.

_____ El papá de Susana entra en la casa.

_____ Está lloviendo mucho.

Crucigrama

Across
4. water
5. door
6. sun
10. program
11. opens
12. enters
13. raincoat
14. has(to)
15. window

Down
1. leaves
2. umbrella
3. galoshes
7. work/job
8. house
9. TV

ACTIVIDAD SEIS

¡Qué cosa! Draw a picture showing what Susana's house and dad looked like at the end of the story depicted in the *¡Dramatización!* found on page 8 of your textbook. Write a caption, too.

REPASO
Lecciones 1-3

ACTIVIDAD UNO

Traduce las frases ilógicas. Translate the illogical statements.

1. The taxi driver lifts the hooks and cries.

_____

2. The crazy umbrella eats hamburgers and fishing poles.

_____

3. The worm puts on his galoshes and waits patiently.

_____

4. The fishing lure goes to the bus stop and shouts with impatience.

_____

5. The hamburger raises his (las) hands and smiles.

_____

ACTIVIDAD DOS

¿Qué es esto? Write the words in the appropriate column.

abre	corre	lago	pone
agua	dedo	mano	puerta
busca	grita	se mete	sale
carro	guarda	nariz	suspira
casa	horario	paraguas	ventana
come	impermeable	pie	se viste

Person, Place, or Thing	Activity or Action

Lección cuatro
En el patinadero/At the Skate Rink

ACTIVIDAD UNO

Scavenger Hunt! Find the following items around your home. If there are any items that you cannot find, draw a picture instead. Then label the items with their corresponding labels:

un boleto	un banco	unos zapatos	unos calcetines
el número ocho	unos patines	una baranda	una persona

ACTIVIDAD DOS

You were saying?? Your friend Clara is very distracted today. She keeps trailing off before completing a sentence! Finish her sentences for her.

1. Me quito los zapatos y me pongo los _____.
2. Compro un _____.
3. Me siento en un _____.
4. Agarro la _____.
5. Alquilo unos _____.
6. Patino muy _____.

ACTIVIDAD TRES

Conjugation Station! Your friend is including you in her skate party. Follow the example to describe the activities, changing the **a** ending of each underlined verb to **amos**.

Example:
Va al patinadero (**She goes** to the skate rink). ⇒ **Vamos** al patinadero. (**We go** to the skate rink).

1. Alquila unos patines. _____

2. Guarda los zapatos. _____

3. Se levanta. (Note: change "se" to "nos"). _____

4. Agarra la baranda. _____

5. Patina. _____

This page intentionally left blank

ACTIVIDAD CUATRO

¿Qué pasa primero? Decide which of these two actions happens first. Circle the words
describing the action that you might expect to see first.

1. Te pones los patines **o** te quitas los zapatos (You put on skates **or** you take off your shoes)

2. Compras un boleto para el patinadero **o** alquilas tus patines.

3. Patinas lentamente **o** compras tu boleto.

4. Te caes **o** te levantas.

5. Patinas rápidamente **o** te caes.

6. Guardas los zapatos **o** te quitas los zapatos.

ACTIVIDAD CINCO

¿Qué diferencias hay? Reread the dramatización on page 11 of your text. Then list some
differences that you see between Catalina's and Rita's skating experiences. Usa la tabla abajo.

La experiencia de Catalina	La experiencia de Rita

DOUBLE DUTY!

Get double the enjoyment from solving this puzzle (for hints, see p. 10 in your textbook).

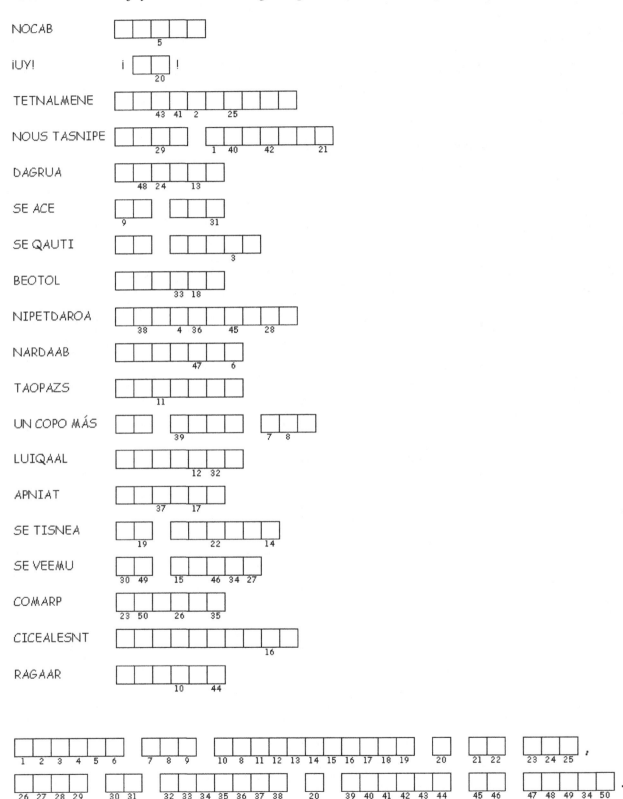

NOCAB

¡UY!

TETNALMENE

NOUS TASNIPE

DAGRUA

SE ACE

SE QAUTI

BEOTOL

NIPETDAROA

NARDAAB

TAOPAZS

UN COPO MÁS

LUIQAAL

APNIAT

SE TISNEA

SE VEEMU

COMARP

CICEALESNT

RAGAAR

Lección cinco
En el concierto/At the Concert

Vocabulario Nuevo: Dibuja una ilustración para representar cada expresión nueva. Draw a picture to represent each new expression shown.

los amigos	una cámara	escucha	disco compacto
canta	habla	camina	el edificio

ACTIVIDAD DOS

Probably (Not!) Check out the following statements and decide if they are **probable (P)** or **improbable (I)**. (Hint: Don't think about it *too* hard… this activity is meant to be simple!)

1. Una amiga escucha su cámara. ____

2. El disco compacto se baja del carro. ____

3. Todos los amigos se reunen y hablan. ____

4. La cámara camina al edificio. ____

5. Los amigos escuchan a la banda y aplauden. ____

6. La banda canta en el concierto. ____

7. El disco compacto llora con alegría. ____

8. Un amigo busca el número de su asiento. ____

ACTIVIDAD TRES

Emociones, emociones… Circle the happy face ☺ or the sad face ☹ next to each statement to show how the subject might be expected to feel, based upon his/her activities, actions, etc.

1. Cristóbal va a un concierto con todos sus amigos. ☺ ☹
2. Está lloviendo, pero Daniel no tiene su impermeable. ☺ ☹
3. Pedro busca un taxi, pero no ve un taxi. ☺ ☹
4. Laura escucha su música favorita y canta con alegría. ☺ ☹
5. Ignacio patina rápidamente, se cae, y llora. ☺ ☹
6. Beatriz espera el autobús por cuarenta (40) minutos, cruza los brazos, y camina a casa. ☺ ☹
7. Joaquín saca fotos de sus amigos, y todos sonríen. ☺ ☹
8. Alberto va de pesca, pero no agarra nada, y suspira. ☺ ☹

ACTIVIDAD CUATRO

Jeopardy! What question was asked? Match the questions and answers.

1. Pedro estacionó el carro. _____
2. Hablaba con Antonio. _____
3. Pedro llevaba una cámara. _____
4. Antonio cruzó los brazos. _____
5. Le dio su cámara. _____
6. Estaba alegre. _____

a. ¿Qué le dio?
b. ¿Quién llevaba una cámara?
c. ¿Qué hizo Pedro con el carro?
d. ¿Cómo estaba Antonio?
e. ¿Quién cruzó los brazos?
f. ¿Con quién hablaba Pedro?

ACTIVIDAD CINCO

¡Yo también! Change the verb forms from the *serie de acciones* (on page 13 of your text) to show that you are going to the concert, too. The new verbs will end with **-amos**:

Example:
Va al concierto. (**He goes** to the concert). ⇒ **Vamos** al concierto. (**We go** to the concert).

1. **Lleva** una cámara. ⇒ _____
2. **Escucha** un disco compacto. ⇒ _____
3. **Canta**. ⇒ _____
4. **Habla** con amigos. ⇒ _____
5. **Estaciona** el carro. ⇒ _____
6. **Se baja** del carro. ⇒ (Nos)_____
7. **Camina** al edificio. ⇒ _____
8. **Entra** en el edificio. ⇒ _____
9. **Busca** el número del asiento. ⇒ _____
10. **Se levanta**. ⇒ (Nos)_____
11. **Grita**. ⇒ _____
12. **Llora** con alegría. ⇒ _____

La moraleja de UN AMIGO FOTOGENICO

Directions: Find the vocabulary words in the list below. After you discover all the words, a hidden message will be revealed. Record it on the blanks at the bottom of this page.

```
P A E D R A O T N E I S A O E
S U Z N B N U E N A M N A S I
G O P U O O A C A S I P R O Q
U E E S R I M U Y M L G E G N
C A N T A C E R A A O S O I B
C O N A N A T C U L O N I M R
O O V H Q T G D N L B S A A A
A H C U C S E O Q T L A Y W Z
S L T O P E T O D O S E H Y O
V O E V K S Z D H X F L G Z S
O J T G T U Z R I S O I R A V
Q U F O R V D N R V D Y Q P N
H G Q E F Í F A Z L N R L Z J
C K M C P C A Y F Y H Y P U B
D Y I V X C O N C I E R T O N
```

ALEGRÍA	ESCUCHA
AMIGOS	ESTACIONA
APLAUDE	FOTOS
ASIENTO	HABLA
BRAZOS	LLEGAN
CAMINA	SACA
CANTA	TODOS
CONCIERTO	VARIOS
CRUZA	

__ __ __ __ __ __ __ __ __ __ __ __ __ __ __ __

__ __ __ __ __ __ __ __ __ __ __ __ __ __ __ __ __

__ __ __ __ __ __ __ __ __ __ __ __ __ __

__ __ __ __ __ __ __ __ __ __ __

Lección seis
Un partido de béisbol

ACTIVIDAD UNO

Mini-book! Make a mini-book using an adaptation of the story from the "Serie de acciones."
You will note that the mini-book version differs only very slightly from the one on page 16
of your textbook; the mini-book story is told in *first person* (*I* go to a baseball game, *I* show
my ticket, etc).

Illustrate the mini-book with your own unique drawings. Make it colorful, expressive, and
fun! Share your book with family and friends. Use the cool template on the next page
of this book. (You'll find assembly instructions on page 9). Enjoy!

I shared my mini-book with my _____ named _____. Date: _____
relationship   name

Bonus Question for Super-Smart Spanish Students (SSSS): *What ending* do you see on all
of the first-person verb forms in the mini-book version? _____

ACTIVIDAD DOS

¡Que ridículo! Translate these silly sentences into English.

1. Isabel se sienta en las palomitas de maíz. _____

2. El refresco salta y aplaude fuerte. _____

3. El empleado sale del refresco y llora. _____

4. Hay un jonrón en la taquilla. _____

5. El empleado come el dinero y se ríe. _____

6. El dinero le agarra al empleado y grita. _____

7. El empleado tira el dinero en la taquilla. _____

8. Las palomitas de maíz miran el partido. _____

El béisbol

A Picture Book

by

_____

Voy a un partido de béisbol.

Le presento el boleto al empleado en la taquilla.

Compro palomitas de maíz y un refresco.

Encuentro el asiento correcto y me siento.

Miro el partido.
Bebo el refresco
y como las palomitas de maíz.

¡Hay un jonrón!

Me levanto, salto, y aplaudo.
¡No derramo las palomitas de maíz!

This page intentionally left blank

ACTIVIDAD TRES

Who dunnit? Read the *¡Dramatización!* on page 17 and decide who did each of the following:

1. No compra un refresco. _____

2. Agarra el refresco de otra persona. _____

3. Mira un partido de béisbol. _____

4. Tiene palomitas de maíz. _____

5. Tira sus palomitas de maíz en la cabeza de otra persona. _____

6. Se ríe. _____

ACTIVIDAD CUATRO

Cloze the passage! Fill in the blanks with vocabulary from page 18.

    Paco Loco va a un _____ de béisbol. Se sienta en un _____

dondequiera *(wherever)*; no mira el _____ de su asiento. Ni siquiera *(he*

doesn't even) compra su merienda típica de _____ de _____.

Simplemente se sienta y comienza a mirar el _____.

    De repente, una señora lo interrumpe y le _____ que está en su asiento.

Paco Loco no le presta *(doesn't pay her)* atención. Pero la señora sigue hablándole.

Paco Loco no quiere moverse. Quiere _____ el partido. Por fin, la señora

estúpida _____ en su regazo. ¡Qué ridículo!

ACTIVIDAD CINCO

¡Con amigos! Retell the statements to show that each activity includes a group of friends, not just one person. Change the "a" or "e" ending of each underlined verb to "an" or "en," respectively.

1. Va a un partido de béisbol. _____

2. Le presenta los boletos al empleado en la taquilla. _____

3. Compra palomitas de maíz y refrescos. _____

4. Encuentra los asientos correctos. _____

5. Se sienta. _____

6. Mira el partido. _____

7. Bebe refrescos y come palomitas de maíz. _____

8. Se levanta, salta, y aplaude. _____

9. ¡No derrame las palomitas de maíz! _____

ACTIVIDAD SEIS

Pyramid Puzzle! Fill in the blanks with vocabulary from Lección seis (see pages 16, 17, and 18 of your book if you need help!)

laughs : se ___   __ __ __
throws   __ __ __ __
jumps   __ __ __ __ __
homerun   __ __ __ __ __ __
game   __ __ __ __ __ __ __
soft drink   __ __ __ __ __ __ __ __
finds   __ __ __ __ __ __ __ __ __
vendors   __ __ __ __ __ __ __ __ __ __

REPASO
Lecciones 4-6

ACTIVIDAD UNO

Traduce las frases y decide si son lógicas o ilógicas. Translate the statements and decide whether they are logical or illogical (circle one).

1. Los amigos sacan muchas fotos durante el partido de béisbol. (lógico **o** ilógico)

2. Los calcetines compran un refresco en la taquilla. (lógico **o** ilógico)

3. Las palomitas de maíz cruzan los brazos en el patinadero. (lógico **o** ilógico)

4. La cámara se quita los zapatos y salta en su asiento. (lógico **o** ilógico)

5. El empleado va al concierto y sonríe y aplaude. (lógico **o** ilógico)

ACTIVIDAD DOS

¿Qué es esto? Write the words in the appropriate column.

agarra	boleto	concierto	se mueve
alquila	se cae	edificio	patina
asiento	calcetines	encuentra	patinadero
baranda	cámara	escucha	partido
se baja	compra	guarda	refresco
bebe	canta	habla	salta

Person, Place, or Thing	Activity or Action

27

Lección siete
El gato ruidoso/The Noisy Cat

ACTIVIDAD UNO

¿Qué dices? Pick the best conclusion for each statement. CIRCLE IT.

1. El gato es un…

        a. ojo   b. animal   c. refresco

2. Mi mamá no duerme bien porque mi papá…

        a. ronca   b. duerme   c. no habla

3. Hay una cerca fuera de nuestra (our)…

        a. cámara   b. casa   c. caña de pescar

4. Un gancho se me metió en el dedo, así que yo grité (I yelled)…

        a. ¡Taxi!   b. ¡miaauu!   c. ¡ay, ay, ay!

ACTIVIDAD DOS

¿Cómo se dice? Choose the correct word and circle it.

1. Estamos durmiendo porque son las dos de la   mañana.
                                  fruta.

2. El gato no estira durmiendo.
            está

3. El gato se pone a cantar; por eso mamá no camina.
                                  duerme.

4. Papá se levanta y camina a la ventana.
        saca

ACTIVIDAD TRES

¿Dónde? Indicate whether the following activities occur at **home** (**C** = en **c**asa) or **outside** (**A** = **a**fuera).

1. Está en la cama durmiendo.   C   A

2. Está caminando en la cerca.   C   A

3. Va a la cocina y agarra frutas y legumbres.   C   A

4. Se levanta de la cama y va a la ventana.   C   A

5. Abre la ventana y mira el gato en la cerca.   C   A

6. El gato se cae de la cerca.   C   A

7. Regresa a la cama, se duerme, y ronca.   C   A

ACTIVIDAD CUATRO

Poetry! Translate this five-line poem about our friendly cat into Spanish. Then rewrite the poem on your own paper and illustrate it. Share with a friend!

The cat   _____
Foolish (tonto), crazy   _____
He walks, he stops, he sings   _____
The cat is not sleeping   _____
The cat   _____

ACTIVIDAD CINCO

Los opuestos… Match the opposites.

1. de la mañana ____   a. rápido

2. está durmiendo ____   b. en casa

3. afuera   ____   c. agarra

4. camina ligeramente ____   d. de la noche

5. debajo ____   e. escucha

6. se para ____   f. estampa el pie

7. despacio ____   g. se sienta

8. tira ____   h. está despierto

9. se levanta ____   i. camina

10. no oye ____   j. encima

ACTIVIDAD SEIS

CRUCIGRAMA- SEEING DOUBLE
Here are the **plural** forms of words from lección siete. (***Hint:*** for these nouns, just add "s" to the word. For verbs, you'll need "an" or "en" in the place of the "a" or "e" ending).

VISTA DOBLE

Across
2. puede (v).
4. camina (v).
7. ojo (n).
8. cerca (n).
12. ronca (v).
13. mañana (n).

Down
1. ventana (n).
3. gato (n).
5. noche (n).
6. legumbre(n).
9. fruta (n).
10. llama (v).
11. oye (v).

Lección ocho
Un juego de video/A Video Game

ACTIVIDAD UNO

Vocabulario Nuevo: Dibuja cada palabra nueva. Draw each new word.

aburrido	la tele	pierde	las manos
la cabeza	el codo	hermanito	canguro

ACTIVIDAD DOS
¿Qué significa? Write **M** if the two words have el MISMO (same) signifcado. Write **D** if the words have dos significados DIFERENTES (different).

1. cansado   contento   _____

2. título   juego   _____

3. sala   salta   _____

4. llora   sonríe   _____

5. horas   minutos   _____

ACTIVIDAD TRES

Emociones, emociones… Circle the happy face ☺ or the sad face ☹ next to each statement to show how the subject might be expected to feel, based upon his/her activities, actions, etc.

1. Yo compito en un juego de Wii, y pierdo. ☺ ☹

2. Me gustan los programas de realidad, y encuentro uno en la tele. ☺ ☹

3. No hay nada que hacer. ☺ ☹

4. Mi hermano está jugando con el control remoto, y no lo comparte conmigo (w/ me). ☺ ☹

5. Estoy aburrido. ☺ ☹

6. Estoy jugando con ánimo. ☺ ☹

7. Busco mi refresco favorito y lo encuentro. ☺ ☹

8. Mi hermana se pone furiosa. ☺ ☹

9. Me siento en el sofá, suspiro, y lloro. ☺ ☹

10. Estoy ganando. ☺ ☹

ACTIVIDAD CUATRO

¿Qué pasó primero? Which of the following happened FIRST? Circle it.

1. gana   juega

2. compite   pierde

3. mira la tele   prende la tele

4. encuentra   busca

5. juega otra vez   juega

6. trabaja   está cansado(a)

7. bebe su refresco   prepara su refresco

8. treinta y seis   veintiocho

9. diecisiete   cuarenta y nueve

10. grita   se pone furioso(a)

ACTIVIDAD CINCO

Conversando. Circle the question that represents a logical follow-up to each statement.

1. Mi hermano y yo estamos compitiendo.

   a. ¿Quién gana?

   b. ¿Quién ronca?

2. No hay nada que hacer hoy (today).

   a. ¿Por qué no miramos la tele?

   b. ¿Dónde viven los canguros?

3. Yo quiero (I want to) jugar el Wii.

   a. ¿Regresas a la taquilla?

   b. ¿Dónde está el control remoto?

4. Yo no quiero jugar otra vez.

   a. ¿Estás furioso porque ganó tu hermano?

   b. ¿Qué título prefieres jugar?

ACTIVIDAD SEIS

¿Cómo se resuelven estos problemas en la serie de acciones? How are these problems resolved in the series of actions? (*Hint*: See page 23 of your book for help!)

Los problemas que occuren el la serie de acciones	La solución para cada problema (The solution to each problem)
No hay nada que hacer.	
Sólo hay programas de realidad.	
Compite con su hermano.	

Lección nueve
Una visita con un amigo/A Visit with a Friend

ACTIVIDAD UNO

¿Qué pasa primero? Decide which of these two actions happens first. Circle the words describing the action that you might expect to see first.

1. El teléfono suena **o** contestas el teléfono.

2. Sales de la casa **o** conduces rápidamente.

3. Apagas el quemador **o** ves un fuego en la estufa.

4. Ves un bizcocho en la estufa **o** comes el bizcocho.

5. Corres a la cocina **o** aparcas el coche.

6. Gritas **o** ves humo negro.

ACTIVIDAD DOS

Falta de traducción. The class secretary was translating the sentences from ACTIVIDAD UNO above, but kept getting distracted and only finished part of the job. Fill in the missing English translations.

1. The phone _____ **or** you _____ the phone.

2. You _____ the house **or** you _____ fast.

3. You _____ the _____ **or** you _____ a _____

   on the _____.

4. You _____ a _____ on the stove **or** you _____ the cake.

5. You _____ to the _____ **or** you _____ the _____.

6. You _____ **or** _____ _____ black _____.

ACTIVIDAD TRES

¿Qué pasa? Contesta según la serie. Answer according to the series. Conecta las columnas.

1. ¿Quién llama por teléfono?	a. a la cocina
2. ¿Qué quiere Carlos?	b. que venga para una visita
3. ¿Cómo conduce?	c. un bizcocho
4. ¿Dónde aparca el coche?	d. en la estufa
5. ¿Qué ve saliendo de las ventanas?	e. Carlos
6. ¿Adónde corre?	f. horrible
7. ¿Cómo es el olor?	g. en frente de la casa de Carlos
8. ¿Dónde está el fuego?	h. harina
9. ¿Qué echa al fuego?	i. rápidamente
10. ¿Qué resulta, y qué come?	j. humo negro

ACTIVIDAD CUATRO

Probably (Not!) Check out the following statements and decide if they are **probable (P)** or **improbable (I)**. (Hint: Don't think about it *too* hard… this activity is meant to be simple!)

1. Mamá conduce el coche en la estufa. _____

2. La olla corre por las ventanas. _____

3. Papá no conduce rápidamente cuando hay mucho tráfico. _____

4. Mi hermano come el bizcocho porque huele bien. _____

5. La amiga de mi hermano aparca el coche en frente de la casa. _____

6. Hay un fuego en la cocina donde hay una olla de aceite hirviente. _____

ACTIVIDAD CINCO

Traducciones. Translate the statements from ACTIVIDAD CUATRO above.

_____

_____

_____

_____

_____

ACTIVIDAD SEIS

¿Y tú? Change the following statements to ask a friend whether he/she is going to the concert, too. The new verbs will end with **-as** or **-es** (you'll pick -as for verbs ending in -a, and -es for those ending in -e). Please write the entire question, and include all appropriate punctuation: (both ¿ and **?**)

Example:
Quiere que venga para una visita. (**He wants** for me to come for a visit). ⇒
¿Quieres que venga para una visita? (**Do you want** for me to come for a visit?)

1. **Contesta** el teléfono. ⇒ _____

2. **Sale** para la casa de Carlos. ⇒ _____

3. **Conduce** rápidamente. ⇒ _____

4. **Aparca** el coche. ⇒ _____

5. **Huele** un olor horrible. ⇒ _____

6. **Corre** directamente a la cocina. ⇒ _____

7. **Apaga** el quemador. ⇒ _____

8. **Echa** harina a la olla de aceite. ⇒ _____

9. **Vuelve** y **ve** un bizcocho negro. ⇒ _____

10. **Come** el bizcocho. ⇒ _____

ACTIVIDAD SIETE

Order, order! Rearrange these sentences based on the *¡Dramatización!* on page your text into the proper order by numbering them 1-6. Try to do it without looking at the original text!

_____ Guadalupe se despierta, corre a la cocina, y come todo el bizcocho/pudín.

_____ Guadalupe va al supermercado y encuentra los ingredientes para un bizcocho.

_____ Marcos se sienta y llora porque Guadalupe no comparte su bizcocho/pudín con él.

_____ Marcos llama a la puerta y luego derriba la puerta porque Guadalupe no contesta.

_____ Después de ponerlo en el horno, Guadalupe se acuesta y duerme por más de dos horas.

_____ Guadalupe regresa a casa y hace (makes) el bizcocho en honor de su novio.

Una visita con un amigo

Unscramble each of the clue words (hint: peek at the vocabulary list on page 27 of your textbook if you *really need* to). Copy the letters in the numbered cells to the cells with the same number to solve the mystery phrase of this double puzzle.

CENDOCU

RCEOR

BOAMS

GAPAA LE QERMUDAO

AAPARC

¿QUÉ SE SETO?

COBZOCHI

LA FEUTAS

EETIAC TIENIRVEH

ACHE NIRHAA

LEUHE

MUHO RENOG

SLA SANTEAVN

NUA VIISAT

RUEIEQ EUQ GAVEN

REPASO
Lecciones 7-9

ACTIVIDAD UNO

Traduce las frases y decide si son lógicas o ilógicas. Translate the statements and decide
whether they are logical or illogical (circle one).

1. El gato compite contra un canguro en un juego de video. (lógico o ilógico)

_____

2. Los codos están durmiendo y roncan en el fuego. (lógico o ilógico)

_____

3. Mi hermanito huele humo y corre a la cocina. (lógico o ilógico)

_____

4. Hay muchos bizcochos que corren en el tráfico en la sala. (lógico o ilógico)

_____

5. Mi mamá apaga el quemador porque la harina se despierta. (lógico o ilógico)

_____

ACTIVIDAD DOS

¿Qué es esto? Write the words in the appropriate column.

cabeza	conduce	gato	se para
canguro	se despierta	hermanito	se pone
codos	estufa	manos	regresa
comparte	frutas	ojo	ronca
compite	gana	oye	tira

Person, Place, or Thing	Activity or Action

38

Lección diez
El bizcocho negro/The Black Cake

Scavenger Hunt! Find the following items around your home. If there are any items that you cannot find, draw a picture instead. Then label the items with their corresponding labels:

la refrigeradora	la despensa	vainilla	la cocina
el teléfono	un postre	la estufa	la harina

ACTIVIDAD DOS

Emociones, emociones… Circle the happy face ☺ or the sad face ☹ next to each statement to show how the subject might be expected to feel, based upon his/her activities, actions, etc.

1. Nosotros (we) tenemos hambre, pero no hay nada que comer. ☺ ☹

2. Hay un bizcocho bueno en la despensa. ☺ ☹

3. Carlos y su amigo pagan por un bizcocho horrible. ☺ ☹

4. El restaurante huele a humo, así que salimos muy de prisa. ☺ ☹

5. Carlos goza de un postre de sabor vainilla, su sabor favorito. ☺ ☹

6. Carlos tose y tose; no puede comer su postre. ☺ ☹

7. Carlos está triste porque la cuenta es muy alta. ☺ ☹

8. Carlos tiene un problema grande. ☺ ☹

This page intentionally left blank

ACTIVIDAD TRES

Scrambled Spanish! Rearrange these scrambled sentences from the *serie de acciones* on page 30 of the textbook. See if you can do it without looking.

1. llega bizcocho el _____

2. restaurante van famoso un a _____

3. negro recuerda visita de el la humo última _____

4. la busca despensa en _____

5. que no responde _____

6. que hay no comer nada _____

7. teléfono a por su llama Carlos amigo _____

8. hambre cocina corre tiene y la a _____

9. que suspira sí pero dice Carlos _____

10. refrigeradora abre la _____

ACTIVIDAD CUATRO

You were saying?? Your friend Gabriela is very distracted today. She keeps trailing off before completing a sentence! Finish her sentences for her. (Try to do this without looking at the series!)

1. Tengo hambre y corro a la _____.

2. Abro la _____.

3. No hay nada que _____.

4. Busco en la _____.

5. Llamo a mi amigo Carlos por _____.

6. Recuerdo el humo negro de la última _____.

7. Digo, "Vamos a un _____."

8. Vamos a un restaurante _____.

9. Pedimos un bizcocho de sabor _____.

10. El bizcocho es negro y huele a _____.

11. Tosemos mucho, así que salimos del restaurante muy de _____.

ACTIVIDAD CINCO

Zany Mixups! Review the vocabulary on pages 30 and 31 of your textbook. Then try your hand at translating these silly sentences.

1. Carlos busca a su amigo en la despensa.

   _____

2. Su amigo huele a un bizcocho de sabor vainilla.

   _____

3. La refrigeradora suspira y tose.

   _____

4. El bizcocho llama al restaurante y pide un Carlos.

   _____

5. Carlos tose, y sale humo negro.

   _____

6. La refrigeradora recomienda un postre delicioso.

   _____

7. El postre sigue tosiendo porque Carlos no paga la cuenta.

   _____

8. La cuenta le acompaña a Bárbara al café.

   _____

ACTIVIDAD SEIS

Who dunnit? Read the *¡Dramatización!* on page 31 and decide who did each of the following, Bárbara, Esperanza, o ambas:

1. Recibió una invitación para visitar el café. _____

2. Pidió un postre caro. _____

3. Pidió la cuenta para el postre. _____

4. Tosía después de comer el postre. _____

5. Observó que la cuenta era alta. _____

6. Pensó en una solución creativa para resolver el problema. _____

ACTIVIDAD SIETE

¡Qué raro! Draw an illustration depicting the final scene of the *¡Dramatización!* from page
31 of your textbook. Write a caption, too.

Lección once
El caballo heróico/ The Heroic Horse

ACTIVIDAD UNO

Vocabulario: Dibuja una ilustración para representar cada palabra nueva.
Draw a picture to represent each new word shown.

el caballo	el desierto	la pierna	la culebra
un pueblo	el médico	muerde	la noche

ACTIVIDAD DOS

¿Cuándo? Determine whether these things happened at the **beginning (B)**, in the **middle (M)**, or at the **end (E)** of the *serie de acciones* from lección once. See if you can do it without referring to the *serie*! (Note: There are 15 actions in the series, so the first 5 actions would be considered "beginning," the next five "middle," and the last five "end).

1. El caballo trota y trota, y por fin llega a un pueblo cercano. _____

2. El caballo viene por la noche y le rescata. _____

3. Se desmaya a causa del veneno. _____

4. El caballo entra en un desierto. _____

5. El alcalde le arresta. _____

6. Monta a caballo. _____

7. Grita con horror. _____

8. Desmonta para tomar agua de un arroyo. _____

44

ACTIVIDAD TRES

Probably (Not!) Check out the following statements and decide if they are **probable (P)** or **improbable (I)**. (Hint: Don't think about it *too* hard… this activity is meant to be simple!)

1. El médico le muerde al caballo y se ríe como loco. _____

2. El caballo toma agua de un arroyo. _____

3. El alcalde grita con horror cuando mira los bandidos malos. _____

4. Dos caballos piden un postre delicioso en el restaurante del pueblo. _____

5. Mi amigo mira la culebra y grita con horror. _____

6. Los bandidos muerden la pierna del arroyito. _____

7. Un bandido super-estúpido llora porque el alcalde le arresta. _____

8. La culebra monta a caballo y rescata al pueblo. _____

ACTIVIDAD CUATRO

¡Hay dos! The main character from this lesson's *serie de acciones* (on page 35 of your text) is a lone bandido. Change the series to show that there are TWO bandidos. The new verbs will end with **-an** or -**en**:

Example:
Monta a caballo. (**He mounts** the horse). ⇒ **Montan** a caballo. (**They mount** the horse).

1. **Desmonta** para tomar agua. ⇒ _____

2. **Bebe** el agua. ⇒ _____

3. **Grita** con horror. ⇒ _____

4. **Monta** al caballo rápidamente. ⇒ _____

5. **Se desmaya** a causa del veneno. ⇒ _____

ACTIVIDAD CINCO

Zany Mixups! Review the vocabulary on page 35 of your textbook. Then try your hand at translating these silly sentences.

1. The mayor bites the snake again.

_____

2. The leg dismounts and drinks the venom.

_____

3. The doctor rescues the snake while the horse faints.

_____

4. The bandit figures out that there is no doctor in the stream.

_____

5. The stream doesn't save him.

_____

6. The town trots to the desert and shouts with horror.

_____

ACTIVIDAD SEIS

¿Qué pasó primero? Reread the *¡Dramatización!* on page 36, then decide which actions happened first. <u>Circle</u> the words.

1. Coco decide buscar un cacto **o** Coco tiene sed.

2. Coco se encuentra en un desierto **o** Coco encuentra un cacto grande.

3. Curiosa la culebra ve a Coco **o** Coco busca un arroyo.

4. Coco le dice, "gracias," **o** Coco le dice, "Tengo miedo de las espinas."

5. Curiosa muerde el cacto **o** Coco toma el agua del cacto.

6. Coco tiene sed **o** Coco tiene miedo.

7. Coco está feliz **o** Coco está triste.

8. El agua flue del cacto **o** Coco quiere tomar el agua de adentro.

ACTIVIDAD SIETE

Draw a picture to illustrate one of the paragraphs of the *¡Dramatización!* on page 36.

Lección doce
En la ropería/In the Clothing Store

ACTIVIDAD UNO

Pyramid Puzzle! Fill in the blanks with vocabulary from Lección doce (see pages 38 - 40 of your book if you need help!)

to
sees
laughs : se ___
size
takes off: se ___
tries on
the clothing store
identical
appropriate
guffaws

ACTIVIDAD DOS

¿Qué dices? Pick the best conclusion for each statement. CIRCLE IT.

1. La blusa es un…

    a. artículo de ropa   b. color   c. estornudo

2. Esta blusa no me sirve porque…

    a. es bonita   b. es nueva   c. no es mi talla

3. Mi amiga prueba la falda en…

    a. el armario   b. el tocador   c. el precio

4. Quiero dos de estas blusas, así que busco otra…

    a. más elegante   b. idéntica   c. falda

5. Me gusta mucho este vestido, y quiero probármelo y mirarme en el…

    a. espejo   b. armario   c. precio

6. Quiero comprar esta falda. ¿Dónde está la…..?

    a. ropería   b. despensa   c. cajera

ACTIVIDAD TRES

¿Cómo se dice? Choose the correct word and circle it.

1. Me   pongo   esta blusa porque no me gusta.
          quito

2. Esta   falda   es muy grande; necesito encontrar otra talla.
            cajera

3. La blusa es bien bonita, pero me gusta más mi   propia   blusa.
                                                      propina

4. No hay un   sábado   en este tocador.
                 espejo

ACTIVIDAD CUATRO

¡Yo voy de compras! Become the main character from this lesson's *serie de acciones* (on page 38 of your text) by using "yo" ("I") forms of the verbs. The new verbs will end with **-o** (except for irregulars). Use the word bank (bottom of page) for help.

Example:
Está en la ropería. (**He/she is** in the clothing store). ⇒
Estoy en la ropería. (**I am** in the clothing store).

1. **Ve** una blusa muy bonita. ⇒ _____
2. **Busca** la talla apropiada. ⇒ _____
3. **Encuentra** un tocador. ⇒ _____
4. **Se quita** su propia blusa. ⇒ _____
5. **Se pone** la nueva. ⇒ _____
6. **Se mira** en el espejo. ⇒ _____
7. **Va** a la cajera y **se la compra**. ⇒ _____
8. **Regresa** a casa. ⇒ _____
9. **Suspira** y **se sienta**. ⇒ _____

me pongo	me miro	voy	me siento	busco	me la compro
regreso	suspiro	veo	encuentro	me quito	

49

ACTIVIDAD CINCO

Who dunnit? Read the *¡Dramatización!* on page 39 and decide who did each of the following,
Alicia, Raquel, o ambas:

1. Buscó ropa para llevar a una fiesta el sábado. _____
2. Miró muchas blusas y faldas sin encontrar nada que le gustara. _____
3. Llamó a una amiga por teléfono. _____
4. Visitó una ropería popular. _____
5. Probó una blusa elegante. _____
6. Dijo que la blusa era muy bonita. _____
7. Llevó la blusa a la cajera para comprarla. _____
8. Descubrió el precio de 237 euros, gritó, y lloró. _____
9. Se desmayó. _____
10. Compró la blusa. _____

ACTIVIDAD SEIS

Draw a picture showing what Alicia's room looked like after the events of the first paragraph of the *¡Dramatización!* on page 39. Have fun with it!

En la ropería

Across
3. blouse
4. pretty
7. sees
8. store
9. appropriate
11. size
13. cashier
15. Saturday
17. takes off
18. price

Down
1. identical
2. tries on
5. new
6. looks at self
10. after
12. wardrobe
14. dressing room
16. mirror

REPASO
Lecciones 10-12

ACTIVIDAD UNO

Traduce las frases ilógicas. Translate the illogical statements.

1. The refrigerator mounts the horse and saves the bandit.

_____

2. The snake looks at himself in the stream and says, "This blouse doesn't fit me!"

_____

3. The cashier bites the cactus and faints, and the horse arrests him.

_____

4. The bandit goes into the dressing room and wants to cook something.

_____

5. The mayor remembers that the refrigerator tries on the skirt.

_____

ACTIVIDAD DOS

¿Qué es esto? Write the words in the appropriate column.

algo	desmonta	monta	responde
arroyito	se desmaya	muerde	ropería
caballo	despensa	pagan	tocador
cajera	dice	pierna	tosen
culebra	espejo	prueba	se quita
blusa	médico	recuerda	ve
desierto	se mira	refrigeradora	veneno

Person, Place, or Thing	Activity or Action

54

Lección trece
Un poco de helado/A Little Ice Cream

ACTIVIDAD UNO

Vocabulario: Dibuja una ilustración para representar cada palabra nueva.
Draw a picture to represent each new word shown.

el parque	hace calor	está sudando	un banco
unos niños	el helado	a la derecha	a la izquierda
apunta	un árbol	corre	un lobo

ACTIVIDAD DOS

Scrambled Story! Reread the *serie de acciones* on page 42; then rewrite these sentences based on the story in the correct order. Try to do it without looking at the series.

Mira a la derecha y a la izquierda. _____

Ve a un niño que come un helado. _____

Hace mucho calor, y está sudando. _____

Nadie mira, así que llama al niño. _____

Se come el helado y se ríe locamente. _____

Está en el parque con un amigo. _____

Agarra su helado y come como loco. _____

ACTIVIDAD TRES

Zany Mixups! Review the vocabulary on pages 42 and 43 of your textbook. Then try your hand at translating these silly sentences.

1. The wolf eats the bench and laughs.

_____

2. The child grabs the wolf and bites him.

_____

3. The children are crying (they cry) because the wolf is sweating.

_____

4. One boy (child) points to the wolf on the left and throws himself at him.

_____

5. It is hot at the park, so the boy runs and throws himself at the ice cream.

_____

6. The wolf wants (quiere) to do exercises on the treadmill.

_____

ACTIVIDAD CUATRO

¡Time for tú! Make "you" statements out of this lesson's *serie de acciones* (on page 42 of your text) by using "tú" ("you") forms of the verbs. The new verbs will end with **-as** or **-es**. Use the **word bank** below this exercise for help.

Example:
Está en el parque con un amigo. (**He/she is** at the park with a friend). ⇒
Estás en el parque con un amigo. (**You are** at the park with a friend).

1. **Está** sudando. ⇒ _____

2. **Se sienta** en un banco. ⇒ _____

3. **Ve** a unos niños. ⇒ _____

4. **Mira** a la derecha. ⇒ _____

5. **Mira** a la izquierda. ⇒ _____

6. **Llama** al niño. ⇒ _____

7. **Apunta** a un árbol y **pregunta**, "¿Qué es eso?" ⇒ _____

8. **Agarra** su helado y corre como loco. ⇒ _____

9. **Se come** el helado y **se ríe** locamente. ⇒ _____

agarras	llamas	ves	te sientas	miras
apuntas	te ríes	estás	preguntas	te comes

ACTIVIDAD CINCO

Emociones, emociones... Circle the happy face ☺ or the sad face ☹ next to each statement to show how the subject might be expected to feel, based upon his/her activities, actions, etc.

1. Alberto conoce a una señorita muy bonita. ☺ ☹

2. Elisa está cansada y tiene calor; no puede correr más. ☺ ☹

3. Elisa está sudando mucho, y apenas se mueve (moves). ☺ ☹

4. Alberto encuentra una vendedora automática y compra refrescos. ☺ ☹

5. Elisa acepta una bebida deliciosa de Alberto. ☺ ☹

6. Elisa no habla con Alberto, así que Alberto se pone triste y llora. ☺ ☹

ACTIVIDAD SEIS

Draw a picture showing how Elisa looked in the fourth paragraph of the *¡Dramatización!* on page 43 of your textbook. Write a caption beneath your drawing.

Lección catorce
Día de nieve/Snow Day

ACTIVIDAD UNO

Mini-book! Make your own mini-book using the story from the "Serie de acciones" and your own unique drawings. Make it colorful, expressive, and fun! Share your book with family and friends. Use the cool template on page 63 of this book. (You'll find assembly instructions on page 9). Enjoy!

I shared my mini-book with my _____ named _____. Date: _____
               relationship   name

ACTIVIDAD DOS

¿Cuándo? Determine whether these things happened more at the **beginning (B)**, in the **middle (M)**, or towards the **end (E)** of the *serie de acciones* from lesson fourteen. See if you can do it without referring to the *serie*!

1. Sonríe y regresa a cama. _____
2. Escupe. _____
3. Se cepilla los dientes. _____
4. De repente, ve algo por la ventana. _____
5. Está nevando. _____
6. Hace frío. _____
7. Se peina el pelo. _____
8. ¡Nieva! ¡No hay escuela! _____

ACTIVIDAD TRES

¿Qué decías? Your friend David is distracted today. He keeps trailing off before completing a sentence! Finish his sentences for him. (Try to do this without looking at the series!)

1. Hace frío y está _____.

2. Me levanto y comienzo a _____(me).

3. Me peino el pelo y me cepillo los _____.

4. Me miro en el _____.

5. De repente, veo algo por la _____.

6. ¡Nieva! ¡No hay _____!

ACTIVIDAD CUATRO

Who dunnit? Read the *¡Dramatización!* on page 48 and decide who did each of the following, Francisca or her papá:

1. Está durmiendo. _____
2. Viene a la recámara de la otra persona para despertarle. _____
3. Dice que está nevando y que no hay escuela. _____
4. Se mueve sin levantarse y sin abrir los ojos. _____
5. No cree que la otra persona diga la verdad. _____
6. Se queda en la cama después de su conversación. _____
7. Sale de la casa para ir a su trabajo. _____
8. Se pregunta si es posible que la otra persona dijera la verdad. _____
9. Va a la ventana para ver si está nevando. _____

ACTIVIDAD CINCO

¿Qué dices? Pick the best conclusion for each statement. CIRCLE IT.

1. Nieva cuando hace…
    a. calor   b. frío   c. un bizcocho

2. La niña se viste con ropa de su…
    a. armario   b. espejo   c. ventana

3. Mientras se cepilla los dientes, la niña se mira en el…
    a. cepillo   b. espejo   c. pelo

4. Después de cepillarse los dientes, mi papá siempre…
    a. escala   b. escupe   c. estudia

ACTIVIDAD SEIS

¿Cómo se dice? Choose the correct word and circle it.

1. Me   escupo   porque no quiero levantarme.
        estiro

2. Voy a mirar las noticias en la tele para ver si   hace   escuela.
        hay

3. Decidí no vestirme;

    ni siquiera

    voy a moverme de mi cama.

    de adentro

4. Mi papá siempre se despide cuando

    sale

    de la casa.

    sigue

5. ¿Por qué

    te quedas

    en la cama hasta las nueve de la mañana?

    te quitas

6. Nuestra mamá es muy inteligente; ella siempre sabe cuando

    olla

    la verdad.

    oye

7. Yo soy la

    hambre

    de mi mamá.

    hija

8. No grites aquí cerca de las recámaras, por favor; no quiero

    despedirle

    a mi mamá.

    despertarle

Día de nieve

```
n m e e n c a h n t v a a a n
a l o s d í a a s e l j i r b
s r e s i c l o s v e i a a f
a r e e e d a t y s c h l m i
p d f f a r i t s e e s l á b
e q r v c r o g a t r p i c w
g í c c s k r x a n i e p e s
o x s e m u e v e e s y e r s
a d e u q e s p f p u i c p f
s e d e s p i d e e l v e c d
n d u j c w k z a r s z s i u
v e r d a d w v l e r c y i w
m o l x q u e d u d c e u c i
a j a r e i u q i s i n y p o
e s t á n e v a n d o e z o e
```

de repente
se despide
escupe
está nevando
hace frío
hija
nieva
ni siquiera
oye

pasan
recámara
se cepilla
se estira
se mueve
se peina
se queda
verdad
vestirse

__ __ __ __ __ __ __ __ __ __ __ __ __ __ __

__ __ __ __ __ __ __

__ __ __ __ __ __ __ __ __ __ __

Día de nieve

A Picture Book

by

_____

Me despierto. Me estiro.

Me levanto y comienzo a vestirme.

Hace frío y está nevando.

Me peino el pelo.

Me cepillo los dientes. Escupo.

¡Veo nieve por la ventana! No hay escuela!

Sonrío y regreso a la cama.

This page intentionally left blank

Lección quince
Un viaje a México/A Trip to Mexico

ACTIVIDAD UNO

Vocabulario: Dibuja una ilustración para representar cada palabra nueva.
Draw a picture to represent each new word shown.

el taxista	la esquina	la entrada	la señora
un kilómetro	paga	respira	puede

ACTIVIDAD DOS

Scrambled Spanish! Rearrange these scrambled sentences based on the *serie de acciones* on page 50 of the textbook. See if you can do it without looking. ☺

1. famoso el quiere Parque visitar Chapultepec de

_____

2. habla sube y al al le taxista taxi

_____

3. conduce el rápido taxista

_____

4. llegar respira parque no al hasta

_____

5. le al paga le despide taxista y

_____

6. no del camina ve entrada esquina la la a pero parque

_____

ACTIVIDAD TRES

Cloze the passage! Fill in the blanks using vocabulary from page 50 of your text.

        Jorge está en la Ciudad de México y quiere visitar el Parque de Chapultepec. Le pide al taxista que _____ a la calle Paseo de la Reforma. Pero antes de salir para el parque, una _____ corre hacia el taxi gritando. "Con _____," dice ella, "Necesito ir al Paseo de la Reforma. ¿Adónde van Uds.?" Cuando la señora oye que el _____ va a conducir allá, ella siente mucho _____. Está tan contenta que ella le _____ al taxista cuando llegan. ¡Qué suerte tiene Jorge!

ACTIVIDAD CUATRO

¡Yo también! Change the underlined verb forms from the *serie de acciones* (on page 50 of your text) to show that you are going to the park, too. The new verbs will end with **-amos**, **-emos**, or **-imos**. You'll note some cool spelling changes for some of these, by the way. We'll take care of all those details... you just choose the new form from the word bank.

Example:
Quiere visitar el parque. (**He wants** to visit the park). ⇒
Queremos visitar el parque. (**We want** to visit the park).

1. **Sube** al taxi y le **dice** al taxista que vaya a la calle Paseo de la Reforma. ⇒

    _____

2. El taxista conduce tan rápido que no **respira** hasta llegar al parque. ⇒

    _____

3. **Baja** del taxi con alivio. ⇒

    _____

4. Le **paga** al taxista y le **despide**. ⇒

    _____

5. **Camina** a la esquina, pero no **ve** la entrada del parque. ⇒

    _____

| respiramos | vemos | bajamos | decimos |
| despedimos | subimos | caminamos | pagamos |

ACTIVIDAD CINCO

Emociones, emociones… Circle the happy face ☺ or the sad face ☹ next to each statement to show how the subject might be expected to feel, based upon his/her activities, actions, etc.

1. Fabio y Camila están celebrando su luna de miel. ☺ ☹

2. Fabio encuentra unas flores bonitas cuando visita al florista. ☺ ☹

3. Las flores huelen muy bien. ☺ ☹

4. Fabio tiene que esperar el ascensor por mucho tiempo (for a long time). ☺ ☹

5. Camila tiene miedo cuando no puede encontrar a Fabio. ☺ ☹

6. Fabio y Camila quieren reunirse, pero no pueden. ☺ ☹

ACTIVIDAD SEIS

Un viaje a México

```
W Q T A K J X E W D I F I A X
J F O R Y G S X E W D L R D O
A A L O C P Z S Y N A O W R O
A S V O O W C K D R X R T A V
T C A S R U P A D A F E J T M
H E A R B I G R D P M S A H V
U N D R I A S A M Ó K R N T G
N S E E P P R T L F P N I M H
X O K M U T S I A O O C U M I
W R P C N P K E S I T U Q I S
N O W E V P N M R E J Q S R Y
T R A T S I X A T I Ñ R E V B
A M R A L A L I V I O O O C O
Z O D P Q M V D P N I Y R H A
E S C A L E R A S C A A C A J
```

ALARMA	ESCALERAS	KILÓMETRO	TARDA
ALIVIO	ESPOSA	PAGA	TAXISTA
ASCENSOR	ESQUINA	PUEDE	
DESCUBRE	FLORES	RESPIRA	
ENTRADA	FLORISTA	SEÑORA	

REPASO
Lecciones 13-15

ACTIVIDAD UNO

Traduce las frases y decide si son lógicas o ilógicas. Translate the statements and decide whether they are logical or illogical (circle one).

1. El lobo se cepilla los dientes y escupe en la esquina. (lógico **o** ilógico)

   _____

2. Hace calor y está nevando en el parque. (lógico **o** ilógico)

   _____

3. El pelo se despierta y apunta a un helado porque nadie corre. (lógico **o** ilógico)

   _____

4. La señora está comiendo un árbol y está sudando a la izquierda. (lógico **o** ilógico)

   _____

5. El taxista conduce rápido por seis kilómetros. (lógico **o** ilógico)

   _____

ACTIVIDAD DOS

¿Qué es esto? Write the words in the appropriate column.

apunta   escupe   nieva   respira
árbol   escuela   niños   banco
se cepilla   esquina   se peina   vestirse

Person, Place, or Thing	Activity or Action

68

Lección dieciséis
Un vuelo a Barcelona/A Flight to Barcelona

ACTIVIDAD UNO

¿Cuándo? Determine whether these things happened more at the **beginning** (**B**), in the **middle** (**M**), or towards the **end** (**E**) of the *serie de acciones* from lesson 16. See if you can do it without referring to the *serie*!

1. Mueve al asiento del señor. _____
2. El avión despega pronto. _____
3. Ay, no. Este asiento no es muy cómodo. _____
4. El avión acaba de despegar. _____
5. Tiene que salir inmediatamente. _____
6. El señor duerme. _____
7. No puede mirar nada por la ventana; un señor grande se sienta allí. _____
8. ¡Vaya! _____

ACTIVIDAD DOS

Volando, etc. Completa cada frase con una palabra apropiada de la lista de vocabulario. Complete each sentence with an appropriate word from the vocabulary list.

1. La _____ trabaja en el avión.

2. El piloto pide que los pasajeros abrochen el _____.

3. Si no puedes encontrar tu asiento, la aeromoza te la _____.

4. El avión _____ en cinco minutos.

5. No quiero sentarme aquí; este asiento no es tan _____ como las otras.

6. Tienes que esperar a la aeromoza; ella no viene _____.

ACTIVIDAD TRES

Scrambled Spanish! Rearrange these scrambled sentences from the *serie de acciones* on page 53 of the textbook. See if you can do it without looking.

1. salir tiene inmediatamente que

2. despega el pronto avión

_____

3. asiento muestra aeromoza mi favor perdón por me ? ¿

_____

4. de cinturón el abrocha seguridad

_____

5. de acaba avión el despegar

_____

6. por nada no ventana mirar puede la

_____

7. allí se señor grande muy un sienta

_____

8. señor el duerme

_____

ACTIVIDAD CUATRO

Who dunnit? Read the *¡Dramatización!* on page 54 and decide who did each of the following, el elefante o la aeromoza:

1. Decidió viajar a Barcelona. _____

2. Trató de ayudar. _____

3. Vino al lado de un pasajero que tenía un problema. _____

4. No pudo hacer el viaje ni en carro ni en barco. _____

5. Encontró su asiento en el avión. _____

6. Tuvo una idea para resolver el problema. _____

7. Trató de abrochar el cinturón de seguridad, pero no pudo. _____

8. Sirvió a los pasajeros durante el vuelo. _____

9. No trabajó durante el vuelo. _____

ACTIVIDAD CINCO

¡Dos elefantes! The main character from this lesson's *¡Dramatización!* (on page 54 of your text) is a sole elephant. Change the series to show that there are TWO elefantes. The new verbs will end in **-an** or **-en**. There are a few other things that we'll need two of, too… but don't worry, it's all there in your word bank (see bottom of this page).

Example:
Decide viajar a Barcelona. (**He decides** to travel to Barcelona). ⇒
Deciden viajar a Barcelona. (**They decide** to travel to Barcelona).

1. **Tiene** miedo de los aviones. ⇒

_____

2. No **puede** hacer el viaje ni en carro ni en barco. ⇒

_____

3. **Necesita** volar en avión. ⇒

_____

4. **Sube** al avión y **encuentra** **su asiento**. ⇒

_____

5. **Trata** de abrochar **el cinturón** de seguridad, pero no **puede**. ⇒

_____

6. "¡Aeromoza!" **llama** **el elefante**. ⇒

_____

7. **El elefante** le **muestra** el problema. ⇒

_____

8. **El elefante** **se pone** a pie y les **sirve** a los pasajeros. ⇒

_____

llaman	pueden	necesitan	tratan	suben
los cinturones	se ponen	muestran	tienen	
los elefantes	sus asientos	sirven	encuentran	

71

ACTIVIDAD SEIS

Choose a paragraph from the *¡Dramatización!* on page 54, and illustrate it below. Include as many details from the paragraph as you can.

Lección diecisiete
Un hotel en Madrid/A Hotel in Madrid

ACTIVIDAD UNO

Vocabulario: Dibuja una ilustración para representar cada palabra nueva.
Draw a picture to represent each new word shown.

moderno	la llave	el quinto piso	el equipaje
la cena	cierra	las cortinas	cuelga

ACTIVIDAD DOS

Say what?? Review the *vocabulario* on page 57 of your textbook. Then use your new vocabulary words to say in Spanish:

1. The lady hangs up the fifth floor.

_____

2. They serve the key to the luggage.

_____

3. The stewardess finds the curtains in her supper.

_____

4. The luggage is hungry, but the next meal waits on the fifth floor.

_____

ACTIVIDAD TRES

¡Yo también! Change the underlined verb forms from the *serie de acciones* (on page 57 of your text) to show that you are in Madrid, too. The new verbs will end with **-amos**, **-emos**, or **-imos**. You'll note some cool spelling changes for some of these, by the way. We'll take care of those details... you just choose the new form from the word bank. One other thing: when using the word "our" (*nuestro*), you'll need to match its gender to its noun. Check out the model.

Example:
Acaba de llegar a **su** hotel (masc). (**He just** arrived at **his** hotel). ⇒
Acabamos de llegar a **nuestro** hotel. (**We just** arrived at **our** hotel).

1. **Pide** la llave de **su** habitación (fem). ⇒
_____

2. **Espera** el ascensor. ⇒
_____

3. **Sube** al quinto piso en el ascensor. ⇒
_____

4. **Encuentra** **su** habitación. ⇒
_____

5. **Abre** la puerta y **entra** en la habitación con **su** equipaje (masc). ⇒
_____

6. **Se sienta** en la cama, pero no hay tiempo para dormir. ⇒
_____

7. **Tiene** hambre. ⇒
_____

8. **Llama** al restaurante del hotel. ⇒
_____

9. Le **pregunta** a la señora, "¿A qué hora sirven la cena?" ⇒
_____

10. **Cuelga** y **cierra** las cortinas. ⇒
_____

11. **Decide** esperar por diez minutos. ⇒
_____

12. **Se duerme** sin querer. ⇒
_____

abrimos	decidimos	encontramos	pedimos
cerramos	nos dormimos	esperamos	tenemos
colgamos	entramos	llamamos	nuestro(a)
subimos	nos sentamos	preguntamos	

74

ACTIVIDAD CUATRO

¿Qué pasó primero? Reread the *¡Dramatización!* on page 58, then decide which actions happened first. Circle the words.

1. Las turistas llegan a su habitación **o** las turistas llaman al conserje.

2. El conserje finge no entender a Amarilis **o** las turistas deciden tomar la cena en su habitación.

3. Amarilis habla por teléfono **o** Conchita toma el teléfono.

4. El conserje finge que no oye a Conchita **o** Conchita repite la pregunta varias veces.

5. Los otros huéspedes se quejan **o** Conchita y Amarilis suben al quinto piso con su equipaje.

ACTIVIDAD CINCO

Jeopardy! What question was asked? Match the questions and answers.

1. Las habitaciones son muy modernas.
2. Hace mucho sol hoy.
3. Vamos al restaurante del hotel.
4. Sirven sopas, ensaladas, y sándwiches.
5. Lo llevaron al quinto piso.
6. No puedo encontrar mi llave.
7. Sí, quiero acostarme.
8. Se quejan demasiado.

a. ¿Dónde está nuestro equipaje?
b. ¿Estás cansado?
c. ¿Cómo es el hotel?
d. ¿Por qué no entras?
e. ¿Qué hay de comida en el restaurante?
f. ¿Por qué no le gustan los turistas a ese conserje?
g. ¿Por qué cierras las cortinas?
h. ¿Dónde van a tomar la cena?

ACTIVIDAD SEIS

Unscramble each of the clue words (from your vocabulary on pp. 57-58).
Copy the letters in the numbered cells to other cells with the same number.

Un viaje a Madrid

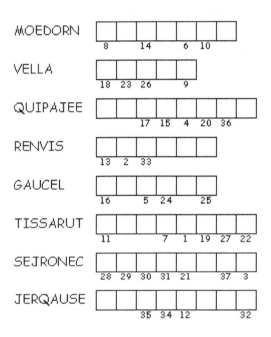

MOEDORN

    8   14   6 10

VELLA

  18 23 26   9

QUIPAJEE

    17 15 4 20 36

RENVIS

  13 2 33

GAUCEL

  16   5 24   25

TISSARUT

  11   7 1 19 27 22

SEJRONEC

  28 29 30 31 21   37 3

JERQAUSE

    35 34 12   32

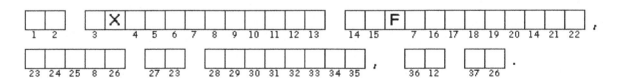

Lección dieciocho
Perdido en el centro/Lost Downtown

ACTIVIDAD UNO

Probably (Not!) Check out the following statements and decide if they are **probable (P)** or **improbable (I)**. (Hint: Don't think about it *too* hard… this activity is meant to be simple!)

1. La bocina lee las señales en las calles. _____
2. Cuando se da cuenta de que está perdido, el señor da una vuelta. _____
3. El señor maneja despacio porque quiere leer las señales. _____
4. Las señales conducen la bocina en el centro de la ciudad. _____
5. Los turistas se preocupan porque manejan en una ciudad con mucho tráfico. _____
6. El taxista sigue recto mientras maneja en el centro. _____

ACTIVIDAD DOS

Los opuestos. Match the opposites.

1. en medio de la calle
2. despacio
3. está manejando
4. da una vuelta
5. emocionante

a. para el coche
b. aburrido
c. a la derecha
d. sigue recto
e. rápido

ACTIVIDAD TRES

¿Qué dices? Pick the best conclusion for each statement. CIRCLE IT.

1. Manejamos nuestro…

      a. coche   b. banco   c. edificio

2. El taxista que nos sigue está tocando la…

      a. llave   b. bocina   c. señal

3. Estoy perdido y no veo una señal en esta…

      a. vuelta   b. calle   c. bocina

4. El mapa indica que no debemos (we should not) doblar aquí; tenemos que seguir…

      a. perdidos   b. en reverso c. recto

ACTIVIDAD CUATRO

¿Cómo se dice? Choose the correct word and circle it.

1. Necesitamos parar el
          centro
          coche
porque estamos perdidos.

2. El taxista loco conduce su taxi en
      recto.
      reverso.

3. ¿Puedes
    despegar
    doblar
aquí a la derecha?

4. Si no puedes mirar las
    llaves
    señales
, debes parar el coche y buscar el mapa.

ACTIVIDAD CINCO

¡Yo me pierdo! Become the main character from this lesson's *serie de acciones* (on page 61 of your text) by using "yo" ("I") forms of the verbs. Most will end with **-o**. Use the word bank (bottom of page) for help. There's also a possessive adjective (su) that will need to change.

Example:
Está manejando en el centro de la ciudad. (**He/she is** driving downtown). ⇒
Estoy manejando en el centro de la ciudad. (**I am** driving downtown).

1. **Se da** cuenta de que **está** perdido. ⇒ _____

2. **Maneja** más despacio. ⇒ _____

3. **Lee** las señales de las calles. ⇒ _____

4. ¿**Habrá** pasado la calle Cordón? ⇒ _____

5. **Empieza** a manejar en reverso. ⇒ _____

6. Un señor detrás de **su** coche toca la bocina. ⇒ _____

7. **Suspira** y **da** una vuelta en medio de la calle. ⇒ _____

8. **Sigue** recto. ⇒ _____

9. **Para** el coche en medio de la calle y **llora**. ⇒ _____

doy	me doy	lloro	sigo
estoy	habré	manejo	suspiro
empiezo	leo	paro	mi

ACTIVIDAD SEIS

Who dunnit? Read the *¡Dramatización!* on page 62 and decide who did each of the following,
Ignacio, Gertrudis, o ambos:

1. Decidió viajar al centro. _____
2. Manejó el carro. _____
3. Navegó. _____
4. Siguió las instrucciones de la otra persona. _____
5. Sabía que había cometido un error, pero no lo admitió. _____
6. Fingió ser inocente. _____
7. Dio vuelta tras vuelta sin pedir direcciones. _____
8. Comenzó a llorar. _____
9. Paró el coche y lloró también. _____
10. Abrió los ojos y vio el restaurante. _____

ACTIVIDAD SIETE

Draw a picture showing what Gertrudis and Ignacio were doing at the end of the second
paragraph.

REPASO
Lecciones 16-18

ACTIVIDAD UNO

Traduce las frases y decide si son lógicas o ilógicas. Translate the statements and decide whether they are logical or illogical (circle one).

1. El taxista maneja el coche en la habitación del segundo piso. (lógico **o** ilógico)

_____

2. El equipaje da una vuelta y abrocha su cinturón. (lógico **o** ilógico)

_____

3. La aeromoza les sirve la cena a los pasajeros en el avión. (lógico **o** ilógico)

_____

4. La bocina lee las señales del centro y despega inmediatamente. (lógico **o** ilógico)

_____

5. Los turistas se dan cuenta de que están perdidos y paran el coche. (lógico **o** ilógico)

_____

ACTIVIDAD DOS

¿Qué es esto? Write the words in the appropriate column.

abrocha   cena   despega   llave
aeromoza   centro   equipaje   maneja
bocina   cinturón   habitación   señales
calle   cuelga   lee   sirven

Person, Place, or Thing	Activity or Action

80

Lección diecinueve
En el consultorio del médico/In the Doctor's Office

ACTIVIDAD UNO

Mini-book! Make your own mini-book using the story from the "Serie de acciones" and your own unique drawings. Make it colorful, expressive, and fun! Share your book with family and friends. Use the cool template on page 83 of this book. (You'll find assembly instructions on page 9). Enjoy!

ACTIVIDAD DOS

¡Time for tú! Make "you" statements out of this lesson's *serie de acciones* (on page 64 of your text) by using "tú" ("you") forms of the verbs. The new verbs will end with **-as** or **-es**. Use the **word bank** below this exercise for help.

Example:
Se levanta muy despacio... (**He/she gets up** very slowly…) ⇒
Te levantas muy despacio... (**You get up** very slowly...)

1. **Visita** el consultorio del Dr. Sánchez. ⇒ _____

2. El médico quiere saber el motivo de **su** visita. ⇒ _____

3. **Quiere** medicina, así que le **dice** que... ⇒ _____

    a. **le** duele la espalda, y ⇒ _____

    b. **le** duele el estómago, y ⇒ _____

    c. **le** duele el cuello, y ⇒ _____

    d. **le** duele la rodilla, y ⇒ _____

    e. **le** duelen los brazos. ⇒ _____

4. El médico se preocupa mucho al oír esto, así que propone muchos exámenes. (No change here).

5. **Se levanta** y **sale** corriendo. ⇒ _____

dices	tu	sales	visitas
te	te levantas	quieres	

ACTIVIDAD TRES

Emociones, emociones… Circle the happy face ☺ or the sad face ☹ next to each statement to show how the subject might be expected to feel, based upon his/her activities, actions, etc.

1. Hugo y José montan en sus trineos. ☺ ☹

2. Los dos amigos se caen y se lastiman. ☺ ☹

3. Hugo y José van a casa llorando. ☺ ☹

4. A Hugo no le duele la cabeza. ☺ ☹

5. Los dos muchachos tienen suerte porque no se rompieron nada. ☺ ☹

6. La cuenta que el médico les da por sus servicios es muy alta. ☺ ☹

ACTIVIDAD CUATRO

Preguntas generales. Reread the *¡Dramatización!* on page 65 and connect the columns.

1. ¿Cómo era (es) la colina que bajaron?   a. Hugo y José
2. ¿Cuántos amigos montaron en trineos?   b. La cuenta del médico era muy alta.
3. ¿Qué tiempo hacía? (What was the weather?)   c. Hacía frío y estaba nevando.
4. ¿Cómo viajaba el el trineo?   d. Rápidamente.
5. ¿Quiénes lloraban?   e. Escarpada.
6. ¿Adónde fueron después de lastimarse?   f. Hizo un chequeo general y una radiografía
7. ¿Qué hizo (hace) el médico?   g. Dos
8. ¿Por qué no tuvieron suerte en todo?   h. A ver al médico.

ACTIVIDAD CINCO

Draw a picture showing what Hugo and José looked like at the end of the first paragraph.

Responde que va a hacer un chequeo general, un análisis de orina, un análisis de sangre, una radiografía, y un electrocardiograma.

Me levanto y salgo corriendo.

El médico se preocupa mucho al oír esto.

El médico y yo

A Picture Book

by

_____

Quiero medicina, así que le digo que me duelen la espalda y el estómago y el cuello y la rodilla y los brazos.

Me levanto muy despacio, porque tengo dolor de cabeza.

El médico quiere saber el motivo de mi visita.

Visito el consultorio del Dr. Sánchez.

This page intentionally left blank

En el consultorio del médico

Across
2. medicine
4. back
6. wound
8. neck
10. reason
11. knee

Down
1. de sangre
3. de cabeza
5. to know
7. x-ray
9. hurts

Lección veinte
El dentista/The Dentist

ACTIVIDAD UNO

Vocabulario: Dibuja una ilustración para representar cada palabra nueva.
Draw a picture to represent each new word shown.

una manzana	la muela	el baño	la boca
saca la lengua	la camilla	un jarabe	lo siento

ACTIVIDAD DOS

¿Cuándo? Determine whether these things happened more at the **beginning (B)**, in the **middle (M)**, or towards the **end (E)** of the *serie de acciones* from lesson 20. See if you can do it without referring to the *serie*!

1. Decide visitarle al dentista. _____

2. Está comiendo una manzana. _____

3. Entra en el consultorio. _____

4. El dentista extrae ocho (8) dientes. _____

5. ¡Uy! Tiene dolor de muela. _____

6. Toma una aspirina, pero la muela todavía duele. _____

7. Ríe un poco. _____

8. Va al baño y se mira en el espejo. _____

9. "¿Ud. no es el Sr. Alarcón? ¡Lo siento!" _____

ACTIVIDAD TRES

¡Ay, dolor! Become the main character from this lesson's *serie de acciones* (on page 68 of your text) by using "yo" ("I") forms of the verbs. Most will end with **-o**. Use the word bank (below this exercise) for help. There are a couple of pronouns that will also need to change.

Example:
Está comiendo una manzana. (**He/she is** eating an apple). ⇒
Estoy comiendo una manzana. (**I am** eating an apple).

1. ¡Uy! **Tiene** dolor de muela. ⇒ _____
2. **Va** al baño y **se mira** en el espejo. ⇒ _____
3. **Abre** la boca y **saca** la lengua para ver la muela. ⇒ _____
4. No **puede** ver nada. ⇒ _____
5. **Toma** una aspirina, pero la muela todavía duele. ⇒ _____
6. **Decide** visitarle al dentista. ⇒ _____
7. **Entra** en el consultorio. ⇒ _____
8. **Se acuesta** en la camilla. ⇒ _____
9. El dentista **le** da un jarabe para calmar**le**. ⇒ _____
10. **Está** mareado. ⇒ _____
11. **Ríe** un poco. ⇒ _____

abro	entro	me miro	río	me acuesto
decido	estoy	puedo	tengo	voy
saco	tomo	me		

ACTIVIDAD CUATRO

Who dunnit? Read the *¡Dramatización!* on page 69 and decide who did each of the following, el doctor Cardenas, Alfredo, o ambos:

1. Estaba en la camilla número siete. _____

2. Tenía dolor de muela y estaba llorando. _____

3. Tocó el diente de la otra personal cuidadosamente. _____

4. Gritó. _____

5. Tocó el diente de la otra persona con un instrumento dental. _____

6. Cerró la boca. _____

7. Suplicaba al otro, diciendo, "Abre la boca, por favor," etc. _____

8. Sacudía la cabeza y lloraba como un bebé. _____

9. Mandó por una botella de jarabe para calmarle al paciente. _____

10. Tomó los alicantes y extrajo su propia muela. _____

87

11. Le mostró la muela al dentista, sonrió, y salió del consultorio. _____

12. Miró sus instrumentos tristemente, suspiró, y lloró. _____

ACTIVIDAD CINCO

¿Qué dices? Pick the best conclusion for each statement according to the *¡Dramatización!* on page 69. CIRCLE IT.

1. El doctor Cardenas le pide a Alfredo que abra la…

       a. olla   b. boca   c. habitación

2. Alfredo tiene tanto miedo que el dentista necesita…

       a. una botella de jarabe   b. un par de alicantes   c. un instrumento afilado

3. Alfredo saca su…

       a. mapa   b. horario   c. muela

4. El dentista vierte…

       a. el espejo   b. la botella   c. a Alfredo

5. El doctor Cardenas está tan triste que…

       a. sonríe   b. llora   c. ríe locamente

6. Alfredo está contento porque ahora…

       a. tiene alicantes   b. no le duele la muela   c. tiene que pagarle al dentista

ACTIVIDAD SEIS

Draw a picture showing what Alfredo did at the end of the third paragraph OR what the dentist did at the end of the fourth.

Lección veintiuno
El arte del esquí/The Art of Skiing

ACTIVIDAD UNO

Pyramid Puzzle! Fill in the blanks with vocabulary from Lección veintiuno (see pages 72-73 of your book if you need help!)

to   —
of   — —
end (hint: weekend)   — — —
asks for   — — — —
to believe   — — — — —
to break   — — — — — —
to lend   — — — — — — —
to permit   — — — — — — — —
to ask   — — — — — — — — —
nineteen   — — — — — — — — — —

ACTIVIDAD DOS

¿Qué pasó primero? Which of the following happened FIRST? Circle it.

1. aceptó una invitación   pidió permiso

2. preguntó 19,3 veces   fue (va) a sus padres para pedirles permiso

3. pidió prestado unos esquís   rompió unos esquís

4. reemplazó los esquís   rompió los esquís

5. vio que tendría que trabajar   recibió permiso para ir a esquiar

ACTIVIDAD TRES

Say what?? Review the vocabulary on pages of your textbook. Then translate these ridiculous statements into English.

1. Rompe diecinueve coma tres esquís. _____

2. Pide prestado una rodilla para el fin de semana. _____

3. ¡Caramba! Los esquís preguntan algo. _____

4. Mi vecino cree que mi mamá permite que Alfredo extraiga su propia muela.

_____

5. El dentista reemplaza el fin de semana con una aspirina.

_____

6. Nuestro papá acepta la invitación del dentista para romper los alicantes del consultorio.

_____

ACTIVIDAD CUATRO

Conversando. Circle the question that represents a logical follow-up to each statement.

1. Acepté una invitación de mi amigo para este fin de semana.
   a. ¿Adónde van?
   b. ¿Por qué no le aceptaste?
2. Mis padres no permiten que yo esquíe porque siempre me lastimo.
   a. ¿Por qué no te reemplazan?
   b. ¿Te rompiste algo antes?
3. ¡Caramba! No puedo creer mi suerte.
   a. ¿Cúando miraste ese programa?
   b. ¿Qué pasó?
4. No podemos ir a esquiar porque ya les prestamos nuestros esquís a los vecinos.
   a. ¿Cuándo regresan con los esquís?
   b. ¿Le preguntaste al dentista si tiene una botella de jarabe?

ACTIVIDAD CINCO

Emociones, emociones… Circle the happy face ☺ or the sad face ☹ next to each statement to show how the subject might be expected to feel, based upon his/her activities, actions, etc.

1. Tomás tiene un par de esquís excelentes. ☺ ☹
2. David siempre se cae y rompe todo. ☺ ☹
3. David tiene miedo de aceptar el préstamo de los esquís. ☺ ☹
4. David rompe los esquís favoritos de su amigo. ☺ ☹
5. David no puede esquiar por el resto de sus vacaciones. ☺ ☹

ACTIVIDAD SEIS

Preguntas, preguntas. Contesta estas preguntas según la *¡Dramatización!* de la p. 73. Circle all that apply.

1. ¿Quién le presta sus esquís a su amigo? (David, Tomás, Joaquín, Cecilia)

2. ¿Quién tiene mala suerte? (David, Tomás, Joaquín, Cecilia)

3. ¿Quiénes saben la verdad? (David, Tomás, Joaquín, Cecilia)

4. ¿Por qué no quería Tomás oír la verdad? (creía en su amigo; creía en mala suerte)

5. ¿Qué había dicho David? (que le gustaba romper cosas; que siempre rompía las cosas)

6. ¿Qué tenía que hacer David? (trabajar para reemplazar los esquís; gozar de sus vacaciones)

7. ¿Qué iba a comprarle a Tomás? (un par de esquís; un par de alicantes)

ACTIVIDAD SIETE

El arte del esquí

```
C R T S D N A G S R E E R C H
U Z A Y A B P U F O A H M X V
F O K I M S E U L M B P S M M
O I M A U R O J M P B R Y D Y
Q S R X T Q E C P E Z E A M Z
V A M E L L S E R R L G Z R P
C A R N L L R E M P I U O Z V
L Á S T I M A K C P Y N F W R
D I E C I N U E V E L T H B A
S I L T R A T P E C A A D A T
V E I S F L R Y P B E R Z R S
F R M B D K A N A D Z B I A E
O O R A H L Z B I C V T M B R
K V C A N O O P N P U O S X P
U C T Y J A G T X R F P L C V
```

ACEPTAR	DIECINUEVE	PERMITIR	REEMPLAZAR
CARAMBA	ESQUIAR	PIDE	ROMPER
COSAS	GOZAR	PREGUNTAR	SEMANA
CREER	LÁSTIMA	PRESTAR	SUERTE

REPASO
Lecciones 19-21

ACTIVIDAD UNO

Traduce las frases ridículas. Translate the ridiculous statements.

1. The apple visits the doctor's office and sticks out his tongue.

2. My mother wants to know the reason for the 19.3 patient beds in the X-ray.

3. He wants medicine, so he asks for the loan of a neck and a back.

4. The dentist extracts the skis from the molar and shouts, "Gracious!"

5. The doctor cannot believe that he can replace the weekend.

ACTIVIDAD DOS

¿Qué es esto? Write the words in the appropriate column.

aceptar   camilla   espalda   manzana
baño   consultorio   estómago   medicina
boca   creer   esquiar   permitir
calmar   cuello   extrae   romper

Person, Place, or Thing	Activity or Action

Lección veintidós
Aprendiendo a montar en una motocicleta

ACTIVIDAD UNO

Vocabulario: Dibuja una ilustración para representar cada palabra nueva.
Draw a picture to represent each new word shown.

una motocicleta	leer	un casco	la cara

ACTIVIDAD DOS

¿Cuándo? Determine whether these things happened more at the **beginning** (**B**), in the **middle** (**M**), or towards the **end** (**E**) of the *serie de acciones* from lesson 22. See if you can do it without referring to the *serie*!

1. Decide que ya no quiere la moto. _____

2. Quiere aprender a montar en una motocicleta. _____

3. Busca la moto ideal. _____

4. Compra un helicóptero en vez de la moto. _____

5. Sale de la biblioteca y va a un concesionario. _____

6. Pide permiso del dependiente para probarla en carretera. _____

7. Va a la biblioteca y encuentra un libro sobre el asunto. _____

8. Siente el viento en la cara, el sol en la espalda, y los insectos entre los dientes. _____

9. Se sienta en la biblioteca y lee el libro. _____

ACTIVIDAD TRES

¡Time for tú! Make "you" statements out of this lesson's *serie de acciones* (on page 76 of your text) by using "tú" ("you") forms of the verbs. The new verbs will end with **-as** or **-es**. Use the **word bank** below this exercise for help.

Example:
Quiere aprender a montar en una motocicleta... (**He/she wants** to learn to ride a motorcycle...) ⇒
Quieres aprender a montar en una motocicleta... (**You want to** learn to ride a motorcycle...)

1. **Va** a la biblioteca y **encuentra** un libro. ⇒ _____
2. **Se sienta** en la biblioteca y **lee** el libro. ⇒ _____
3. **Estudia** por 11 horas, 37 minutos, y 58 segundos. ⇒ _____
4. **Decide** que **está** listo para montar en una moto. ⇒ _____
5. **Sale** de la biblioteca y **va** a un concesionario. ⇒ _____
6. **Busca** la moto ideal. ⇒ _____
7. **Pide** permiso del dependiente para probarla en carretera. ⇒ _____
8. **Se pone** un casco en la cabeza. ⇒ _____
9. **Se sube** a la moto y **se marcha**. ⇒ _____
10. **Siente** el viento en la cara, el sol en la espalda, y los insectos entre los dientes. ⇒
    _____

11. **Decide** que ya no **quiere** la moto. ⇒ _____
12. **Compra** un helicóptero en vez de la moto. ⇒ _____

compras	estudias	te marchas	te subes	vas
decides	te sientas	te pones	sientes	estás
encuentras	buscas	pides	quieres	sales
lees				

ACTIVIDAD CUATRO

Who dunnit? Read the *¡Dramatización!* on page 77 and decide who does each of the following, el doctor Juan, Paula, o ambos:

1. Se compró una moto nueva. _____
2. Montó en su moto y fue a la casa de una amiga. _____
3. Estudiaba biología en casa. _____
4. Sonrió y felicitó a su amigo, pero rehusó montar en la moto. _____
5. Lloró y le rogó a su amiga que montara en la moto. _____
6. Aceptó la invitación. _____
7. Tenía miedo y se inclinó a la izquierda. _____
8. Se puso nervioso y se inclinó a la derecha. _____
9. Se cayó de la moto. _____
10. Volvió a la casa y comió el libro de biología. _____
11. Comió la moto. _____
12. Fue la última persona que se rió. _____

94

ACTIVIDAD CINCO

Cloze the passage! Fill in the blanks using vocabulary from page 77 of your text. (You may use some words more than once).

Danilo está en su clase de _____ donde trabaja en una disección de una rana *(frog dissection)*. No le gusta operar así en los animales, aunque sea necesario. Pero de repente, ¡la rana salta de la mesa! Danilo la mira con _____. Se frota los ojos; no lo puede creer.

La rana salta a la pared y se _____ contra la pared. La pobre criatura le _____ a Danilo que no le lastime más. Pero el profesor de la clase demanda que Danilo siga con la disección. Danilo le _____ al profesor que le dé la libertad a la rana, pero el profesor _____ liberar a la rana. El profesor insiste en la disección.

Danilo suspira y camina hacia la rana, pero la rana lo evita (avoids) y se escapa. La rana salta por una ventana y desaparece en el jardín. Danilo sonríe y le _____ a la rana. Se siente muy contento; no le importa que el profesor se ponga furioso con él. ¡Viva la rana!

ACTIVIDAD SEIS

Translate the story from Actividad cinco into English.

_____

_____

_____

_____

_____

_____

_____

_____

_____

_____

_____

_____

_____

_____

_____

_____

_____

ACTIVIDAD SIETE

Illustate! Reread the *¡Dramatización!* from page 77 of your textbook. Draw Juan's face as it must have looked according to the third paragraph, OR draw Paula eating as described in the last paragraph. Write the applicable statement(s) as a caption beneath your drawing.

Alternatively: Choose a paragraph from the story on page 95 of this workbook to illustrate.

Lección veintitrés
El fútbol/Soccer

ACTIVIDAD UNO

Vocabulario: Dibuja una ilustración para representar cada palabra nueva.
Draw a picture to represent each new word shown.

un equipo	la pelota	patea	bloquear
atraviesa	mete un gol	los aficionados	brinca

ACTIVIDAD DOS

Scrambled Story! Reread the *serie de acciones* on page 80; then rewrite these sentences based on the story in the correct order. Try to do it without looking at the series. (You may use the space provided on the next page to do your rewrite).

El guardameta trata de bloquear la pelota, pero no la alcanza.
Recibe y patea la pelota.
¡Brinca con emoción!
¡Mete un gol!
La pelota atraviesa el campo.
¡Los aficionados se vuelven locos!
Su equipo está perdiendo el partido.
Todos están gritando.

_____

_____

_____

_____

_____

_____

_____

_____

_____

ACTIVIDAD TRES

Say what?? Review the vocabulary on pages 80-81 of your textbook. Then translate these ridiculous statements into English.

1. Los aficionados patean al guardameta. _____

2. La pelota brinca con emoción en la cancha. _____

3. Los aficionados están perdiendo el partido. _____

4. La pelota bloquea al guardameta. _____

5. El guardameta mete un gol. _____

ACTIVIDAD CUATRO

Emociones, emociones… Circle the happy face ☺ or the sad face ☹ next to each statement to show how the subject might be expected to feel, based upon his/her activities, actions, etc.

1. El guardameta no alcanza la pelota, y el otro equipo mete un gol. ☺ ☹

2. ¡Los aficionados se vuelven locos! ☺ ☹

3. Recibe la pelota, pero no puede patearla porque se cae. ☺ ☹

4. Mi equipo favorito está perdiendo. ☺ ☹

5. El guardameta de nuestro equipo está bloqueando la pelota muy bien. ☺ ☹

6. Los aficionados brincan con emoción porque estamos ganando. ☺ ☹

7. El jugador patea la pelota, pero la pelota no atraviesa el campo. ☺ ☹

8. El guardameta estampa el pie y sale de la cancha. ☺ ☹

ACTIVIDAD CINCO

Unscramble each of the clue words (see page 80 of your textbook for hints if you need to!)
Copy the letters in the numbered cells to other cells with the same number in order to solve
the mystery phrase.

El fútbol

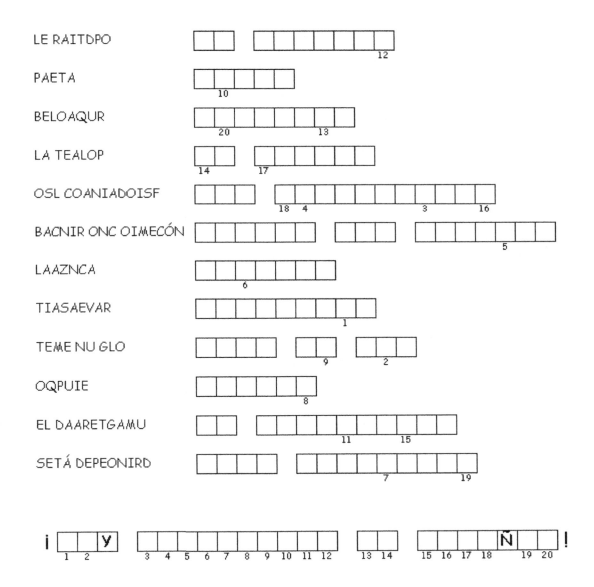

LE RAITDPO

PAETA

BELOAQUR

LA TEALOP

OSL COANIADOISF

BACNIR ONC OIMECÓN

LAAZNCA

TIASAEVAR

TEME NU GLO

OQPUIE

EL DAARETGAMU

SETÁ DEPEONIRD

ACTIVIDAD SEIS

Draw a picture showing what the mascot did in the *¡Dramatización!* on page 81 of your textbook.

Lección veinticuatro
Pintando un cuadro mural/Painting a Mural

ACTIVIDAD UNO

¿Cuándo? Determine whether these things happened more at the **beginning (B)**, in the **middle (M)**, or towards the **end (E)** of the *serie de acciones* from lesson 24. See if you can do it without referring to the *serie*!

1. Lava los pinceles y los guarda. _____
2. Saca una foto de la pared. _____
3. Abre los frascos de pintura. _____
4. Necesita un lápiz, unos pinceles, y unos frascos de pintura. _____
5. Admira la escena que ha pintado. _____
6. Reune unas cosas que necesita para pintar un cuadro mural. _____
7. Mueve los muebles que bloquean la pared. _____
8. Pinta la escena. _____

ACTIVIDAD DOS

Scrambled Spanish! Rearrange these scrambled sentences from the *serie de acciones* on page 84 of the textbook. See if you can do it without looking.

1. mural que para las cosas cuadro necesita pintar reune un

_____

2. frascos necesita un unos de lápiz pinceles pintura varios y

_____

3. bloquean muebles mueve pared la los que

_____

4. dibuja escena en la una pared

_____

5. pintura frascos los de abre

_____

6. la pinta escena

_____

7. guarda cierra los frascos los y

_____

8. guarda lava los los y pinceles

_____

9. pintado que ha escena la admira

_____

10. saca pared foto la de una

_____

ACTIVIDAD TRES

¡Yo también! Change the underlined verb forms from the *serie de acciones* (on page 84 of your text) to show that you are painting, too. The new verbs will end with **-amos**, **-emos**, or **-imos**. You'll note some cool spelling changes for some of these, by the way. We'll take care of those details... you just choose the new form from the word bank.

Example:
Reune unas cosas que **necesita**. (**He gathers** some things that **he needs**). ⇒
Reunimos unas cosas que **necesitamos**. (**We gather** some things that **we need**).

1. **Necesita** un lápiz, unos pinceles, y varios frascos de pintura. ⇒

_____

2. **Mueve** los muebles que bloquean la pared. ⇒

_____

3. **Dibuja** una escena en la pared. ⇒

_____

4. **Abre** los frascos de pintura. ⇒

_____

5. **Pinta** la escena. ⇒

_____

6. **Cierra** los frascos y los **guarda**. ⇒

_____

7. **Lava** los pinceles y los **guarda**. ⇒

_____

8. **Admira** la escena que **ha pintado**. ⇒

_____

9. **Saca** una foto de la pared. ⇒

_____

abrimos	cerramos	guardamos	movemos
admiramos	dibujamos	hemos pintado	necesitamos
pintamos	sacamos	lavamos	

ACTIVIDAD CUATRO

Who dunnit? Read the *¡Dramatización!* on page 85 and decide who does each of the following,
Nicolás o los niños:

1. Tenía planes de pintar un cuadro mural. _____

2. Reunió sus materiales de arte y los llevó al cuarto. _____

3. Dibujó una escena en la pared. _____

4. Entraron en el cuarto y bloquearon la pared. _____

5. Pintó una escena en la pared. _____

6. Pintó por más de tres días. _____

7. Salió del cuarto y comió un sándwich. _____

8. Arruinaron la pintura; destruyeron la escena original. _____

9. Se pintaron los cuerpos con la pintura. _____

10. Se desmayó al ver el desastre. _____

11. Se rieron y pintaron a la otra persona. _____

ACTIVIDAD CINCO

¿Qué pasó primero? Which of the following happened FIRST (according to the the
Dramatización)? Circle it.

1. llevó a los niños a otro cuarto	comenzó a pintar la escena
2. comió un sándwich	terminó el cuadro
3. pintó por varios días	dibujó una escena en la pared
4. admiró su trabajo	salió del cuarto
5. reunió sus materiales de arte	llevó sus materiales de arte al cuarto
6. los bebés entraron en el cuarto	los bebés se pintaron
7. Nicolás vio el desastre	Nicolás regresó al cuarto
8. Los bebés pintaron a Nicolás	Nicolás se desmayó
9. Nicolás se desmayó	Los bebés se rieron

ACTIVIDAD SEIS

Illustrator! Choose either the third or the fourth paragraph of the *¡Dramatización!* on page 85, and draw what the babies did in the paragraph you chose! Write a caption beneath your drawing.

REPASO
Lecciones 22-24

ACTIVIDAD UNO

Traduce las frases ridículas. Translate the ridiculous statements.

1. The helmet draws a scene on the wall and washes the paintbrushes.

_____

2. The fans kick the mural, and the goalie moves the bottles of paint to the motorcycle.

_____

3. The pencil jumps and reaches the soccer field.

_____

4. The ball reaches the face of the dentist, and he spits it to the motorcycle dealership.

_____

5. He wants to block the team from the furniture, because it moves and leaves the room.

_____

ACTIVIDAD DOS

¿Qué es esto? Write the words in the appropriate column.

aficionados	cara	equipo	mueve
alcanza	casco	lápiz	partido
aprender	concesionario	leer	patea
bloquear	dibuja	se marcha	pelota
brinca	estudiar	motocicleta	pintar

Person, Place, or Thing	Activity or Action

NOTES

NOTES

Made in the USA
Monee, IL
23 September 2019